AUTRES LIVRES-CADEAUX HELEN EXLEY :

... Et doucement vient la Sagesse

Le Chant de la Vie

Sagesse Amérindienne

Sagesse 365

Publié en 1997 par Exley Giftbooks en Grande-Bretagne.
Version révisée en 2015

20, rue de Genval, B-1301 Bierges
info@helenexley.fr
www.helenexley.fr

ISBN 978-2-87388-800-8 - DL : 7003/2015/6

Imprimé en Chine.

L'éditeur remercie les détenteurs de droit suivants :

Illustrations : The Bridgeman Art Library BAL, Images Colour Library ICL, Gamma GA, Tony Stone Images SEI, Superstock, SS. Couverture en page 58 : George Catline, *Celui qui avait ses yeux dans le dos*, BAL ; Endpapers : Petroglyphs, ICL ; Page de titre, p.35 ; Georges Catlin, *le Jumeau, Femme et Main sanglantes*, BAL ; p. 11 : *Un réunion indienne*, GA ; p.15 ; Albert Bierstadt, *La Sierra Nevada*, BAL ; p.19 : Phil Borgess, *Femme Pied-Noir*, TSI ; p 22/23 : *Le Grand Canyon*, ICL ; p 26/27 GA ; p 30/31 : Steve Bly, Indiens, TSI ; p 39 J. ;-H. Sharp, *Le Sorcier*, ss ; p 41 Perroglyph, ICL ; p 45 Thomas Moran, *Failaise du Colorado*, BAL ; p 48/49 Thomas Moran *Les Miracles de la Nature*, BAL ; p 52 ; Greg Gorman, *Floyd Red Crow*, GA : p 54 :
La vallée des Dieux, ICL ; p 56 : Phil Borges, *Portrait d'Indien* TSI ; p 61 : Petroglyphs, ICL.

Textes : BLACK ELK : Elan Noir : *l'histoire vraie des Sioux Oglala*, de John G. Neilharrdt et LUTHER. OUTSE DEBOUT, *au pays de l'Aigle tacheté*, publiés par les presses de l'université du Nebraska, 1961. WALKING BUFFALO : *Tanga Mani, l'histoire de Bisons en marche*, de Grant Mac Ewan, M.-J Hurting Ltd. Edmonton 1969 (adresse inconnue). REX LEE JIM : *Voix dansantes* édité par Tex Lee Jim, Peter Pauper Press 1994. © 994 Rex Lee Jim. *A l'adresse de l'Haudenossaunee pour le monde occidental*, 1977 et *La déclaration de l'Haudenosaunee*, 1979. CHARLES EASTMAN : *L'âme des Indiens*, Houghton Mifflin, Boston, 1991. STARHAWK, *Terre-Mère, Étoile-Mère*, Harpers et Row avec l'autorisation de Ken Sherman Associated et Harper Collins.

DANS LA BEAUTÉ *je* MARCHERAI

Paroles de Sagesse des Amérideniens

Helen Exley®

QUE MES PAS ME PORTENT DANS LA BEAUTÉ

Que mes pas me portent dans la beauté
Que mes pas me portent tout le long du jour
Que mes pas me portent
à chaque retour des saisons
Pour que la beauté me revienne
Beauté des oiseaux
Beauté joyeuse des oiseaux
Que mes pas me portent
sur le chemin gorgé de pollen
Que mes pas me portent dans
la danse des sauterelles
Que mes pas me portent
dans la rosée fraîche
Et que la beauté soit avec moi

Que mes pas me portent
vers la beauté qui me précède
Que mes pas me portent
vers la beauté qui me succède
Que mes pas me portent
vers la beauté du ciel
Que mes pas me portent
vers la beauté qui m'entoure
Que mes pas me portent dans la vieillesse,
sur un chemin de beauté, vivifié,
Que mes pas me portent dans la vieillesse,
sur un chemin de beauté, vers une vie nouvelle,
Et dans la beauté je marcherai
Dans la beauté je marcherai...

POÈME DES NAVAJOS

Silence.

Vois

comme

la piste

est belle.

ANONYME,
Dakota

Nous commencions par apprendre aux enfants
à rester calmes et à aimer leur immobilité.
Nous leur apprenions ensuite à utiliser leur odorat,
à regarder là où il n'y a prétendument rien à voir
et à écouter attentivement le silence apparent.
Un enfant qui ne sait pas rester calme
est un enfant à moitié développé.

OURS DEBOUT (1868-1939),
Chef Sioux Oglala

Le silence est l'équilibre absolu du corps, de l'esprit
et de l'âme. L'homme qui préserve son individualité
reste toujours calme et inébranlé par les tempêtes
de l'existence … Si tu lui demandes : « Qu'est-ce que
le silence ? » il répondra : « C'est le Grand Mystère.
Sa voix est le silence saint. » Si tu demandes :
« Quels sont les fruits du silence ? » il répondra :
« La maîtrise de soi, le véritable courage ou
l'endurance, la patience, la dignité et la vénération.
Le silence est le fondement du caractère. »

OHIYESA (Dr. Charles Eastman),
Sioux Santee

Quand tu auras entendu l'alouette des prés
et respiré l'odeur de la terre fraîchement labourée,
la paix ne pourra pas t'échapper.

SEQUICHIE

...Tous les sons, toutes les peurs, tous les amours.

Nous sommes tous créateurs.
Par notre souffle. Le souffle de la
parole devient son pour le monde.
En écrivant, je me crée, sous une
forme sans cesse renouvelée.
Je me recrée. Par mon souffle.
Conscient que je ne suis pas
une voix unique, mais multiple.
Ma voix est toutes les couleurs,
tous les sons, toutes les peurs,
tous les amours.

JOY HARJO,
Creek

Hommage à la Nature

Quand, au cours de la chasse quotidienne, la splendeur ou la beauté sublime d'une scène surprend le chasseur indien, sous la forme d'un arc irisé dans le ciel orageux de la montagne, d'une cascade immaculée au cœur d'une gorge verdoyante, d'un coucher de soleil rougeoyant dans une immense prairie, il s'arrête un instant dans une attitude d'adoration.

OHIYESA (Dr. Charles Eastman),
Sioux Santee

Souviens-toi bien
de la sacralité des choses ;
le ruisseau et son lit,
le petit niché dans son nid,
le foyer et son feu sacré,
la sainte flamme.

CHANT INDIEN OMAHA

Il se lève à la pointe du jour, chausse ses mocassins et descend au bord de l'eau. Là, il s'asperge le visage d'eau claire et fraîche ou il y plonge entièrement. Après le bain, il se tient debout, immobile devant l'aube qui s'avance, face au soleil qui danse sur l'horizon, avec en offrande sa muette oraison. Un autre le précédera ou le suivra mais jamais ne l'accompagnera. Car chaque âme doit rencontrer le soleil du matin, la douceur de la terre nouvelle et le Grand Silence seule.

OHIYESA
(Dr. Charles Eastman),
Sioux Santee

Qu'est ce que c'est la vie ?

Qu'est-ce que la vie ? C'est la lumière d'une luciole dans la nuit. C'est le souffle d'un bison en hiver. C'est une petite ombre qui court dans l'herbe et qui va se perdre dans le coucher du soleil.

PATTE DE CORBEAU, Pied-noir

Mon corps
est la terre sur laquelle
je me tiens ...

SAM JONES,
Séminole Miccosukee

Entends ma voix, quatre coins du monde, je suis de la famille ! Donne-moi la force d'avancer sur cette terre légère, elle appartient à tous ceux de la famille ! Donne-moi les yeux pour voir et la force pour comprendre, pour que je puisse être comme toi. Car seule ta puissance me permettra d'affronter les vents.

WAPITI NOIR (1863-1950),
Sioux Oglala

L'Indien d'Amérique appartient à la terre, qu'il vienne de la région des forêts, des plaines, des pueblos ou des mesas. Il fait partie du paysage car la main qui a façonné le continent est aussi celle qui a façonné l'homme. Autrefois, il grandissait aussi naturellement que les tournesols sauvages ; il est d'ici tout comme le bison était d'ici …

OURS DEBOUT (1868 – 1939),
Chef Sioux Oglala

La terre et moi, nous venons d'un même esprit. La mesure de la terre et la mesure de nos corps sont pareilles...

CHEF JOSEPH (1830 – 1904),
Nez Percé

Prends le souffle de l'aube nouvelle et fais-le tien. Cela te donnera la force.

HOPI

LA CARESSE DE LA TERRE

Les vieux Indiens venaient véritablement pour adorer la terre. Ils s'asseyaient ou s'allongeaient sur le sol avec le sentiment d'être proches d'une puissance maternelle. Il était bon pour la peau de toucher la terre et les plus âgés aimaient enlever leur mocassins et marcher pieds nus sur la terre sacrée. Leurs tipis étaient construits à même la terre et leurs autels faits de terre. Les oiseaux qui volaient dans le ciel y trouvaient le repos et elle était la place finale et éternelle de toute chose vivante. Le sol était réconfort, force nouvelle, purification et guérison. C'est pourquoi le vieil Indien continue de s'asseoir sur la terre plutôt que de s'élever loin de sa force vivifiante. Être assis ou allongé sur le sol lui permet de penser plus profondément et de sentir plus intensément.

OURS DEBOUT (1868 – 1939),
Chef Sioux Oglala

Nos pieds nus sont conscients
de la présence bienveillante de nos ancêtres
lorsque nous marchons sur cette terre.

CHEF SEATTLE,
Suquamish / Duwamish

... Les pieds sains entendent
le cœur même de la Terre Sacrée...

SITTING BULL
(Tatanka Yotanka),
Guerrier Sioux

Choisis bien tes mots, car ce sont eux qui créent le monde qui t'entoure

PENSÉE DES NAVAJOS

La conversation ne s'engageait jamais inopinément, ni dans l'empressement. Personne n'était pressé de poser une question, et personne n'était tenu de donner rapidement une réponse. Avant d'engager ou de tenir une conversation, la véritable courtoisie consistait à accorder une pause destinée à la réflexion. Le silence avait une signification pour Lakota. Il accordait un moment de silence à l'orateur et à lui-même avant de prendre la parole, dans le respect de la véritable politesse et de la règle selon laquelle « la pensée précède la parole. »

OURS DEBOUT (1868 – 1939),
Chef Sioux Oglala

Je compare la dignité qui caractérise
les relations sociales des vieux Indiens
à une promenade à travers la forêt en hiver.

COCHISE,
Apache Chiricahua

Ne prends jamais la parole sans avoir d'abord indiqué ton humilité. « Je suis un homme ignorant ; je suis un pauvre homme ». Toute discussion commence de cette manière. « Je ne connais absolument rien de plus que vous qui êtes assis autour de moi, mais j'aimerais offrir mon humble avis », et le discours qu'il tiendra sera d'une logique et d'une sagesse implacables.

ALLEN C. QUETONE,
Kiowa

Écoute ! Sinon ta langue te rendra sourd !

PROVERBE CHEROKEE

Les collines Noires

sont le palais

en or

de nos Indiens.

Nous le regardons

pour nous enrichir.

PETIT OURS

Nous sommes tous égaux

La couleur de la peau n'y change rien. Ce qui est bon et juste pour l'un est bon et juste pour l'autre, et le Grand Esprit a fait de tous les hommes des frères.

BOUCLIER BLANC

... Il faudrait que tu comprennes comment c'était avant, car c'est toujours pareil aujourd'hui.

LESLIE MARMON SILKO,
Laguna

Ma main n'a pas la même couleur que la tienne, mais si je la transperce, cela me fera mal. Le sang qui coulera de ma main sera de la même couleur que ton sang. Nous sommes tous deux enfants du Grand Esprit.

OURS DEBOUT (1868 – 1939),
Chef Sioux Oglala

Grand Esprit, Grand Esprit, mon Grand Père, le visage du vivant est pareil partout sur cette terre… Regarde le visage de ces innombrables enfants, qui eux-mêmes portent des enfants dans les bras, puissent-ils affronter les vents et marcher sur le bon chemin jusqu'au repos final.

WAPITI NOIR (1863 – 1950),
Sioux Oglala

Nous sommes tous des fleurs dans le jardin du Grand Esprit. Nous partageons les mêmes racines, nos racines nous ramènent à la Terre Mère. Son jardin est beau car les couleurs des fleurs sont différentes et elles représentent des traditions et des cultures différentes.

GRAND-PÈRE DAVID MONONGYE,
Hopi

AMOUR

L'amour est une chose
que toi et moi, nous
devons connaître.
Nous le devons car notre
esprit se nourrit de sa
force. Nous le devons car
sans lui, nous devenons
faibles et fragiles. Sans
lui, notre amour-propre
s'affaiblit. Sans lui,
le courage nous manque.
Sans lui, nous perdons
confiance dans le monde.
Nous nous replions sur
nous-mêmes, nos propres
personnalités finissent
par nous suffire et c'est
nous qui, peu à peu, le
détruisons. L'amour rend
créatif. Il nous fait avancer
inlassablement. Lui et lui
seul nous permet de nous
sacrifier pour les autres.

CHEF DAN GEORGE

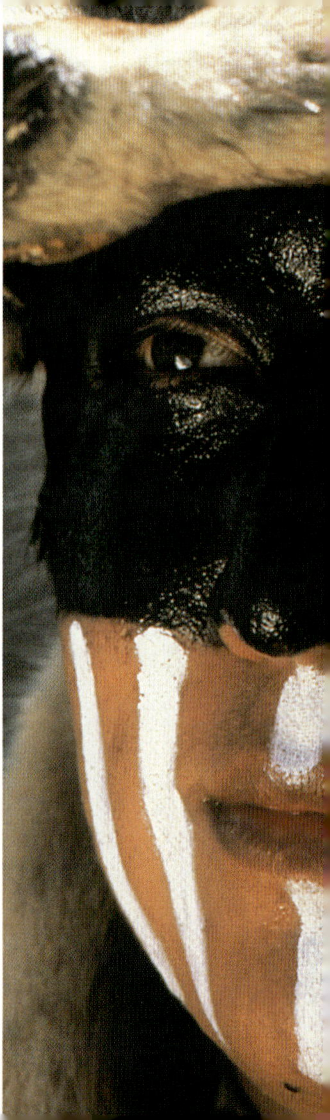

Pourquoi

prends-tu

par la force ce que tu

pourrais obtenir

par l'amour ?

POWHATAN

APPRENDS-NOUS L'AMOUR, LA COMPASSION, L'HONNEUR

Grand Père,
Regarde comme nous sommes fragiles
Nous savons que dans
toute la création
Seule la famille des hommes
s'est écartée du chemin sacré.
Nous savons encore que nous sommes
divisés et nous savons que nous
devons nous rassembler
Pour avancer dans le chemin sacré
Grand Père,
Très Saint,
Apprends-nous l'amour,
la compassion, l'honneur
Pour que nous puissions guérir la terre
Et nous guérir mutuellement.

PRIÈRE OJIBWAY

L'explorateur italien Christophe
Colomb ne fit que confirmer ce que
les Indiens savaient déjà lorsqu'il
les qualifia de *un gente que vive en
dios* – un peuple qui vit en Dieu.
Ces enfants *en dios* – en Dieu
doivent prendre conscience du fait
qu'ils peuvent encore sauver le
monde. Cela doit commencer avec
des mots simples, sanctificateurs,
prononcés sur le bout de la langue.
Pour moi, sauver le monde du
génocide culturel doit commencer
avec les paroles sacrées,
en dios – indios – en Dieu.
Je suis un Indien d'Amérique
et pas un natif d'Amérique.

REX LEE JIM

LORSQUE LE DANGER GUETTE

Si les Indiens revêtent leur plus belle parure avant la bataille, ce n'est pas parce qu'ils croient ainsi accroître leurs aptitudes guerrières. En fait, ils se préparent à la mort, au cas où celle-ci les attendrait à l'issue du conflit. Chaque Indien souhaite être à son avantage pour rencontrer le Grand Esprit. Il revêtira donc sa plus belle parure quand le danger est imminent, que ce soit avant une bataille ou en cas de maladie ou de blessure en temps de paix.

JAMBE DE BOIS,
Cheyenne

PAIX ENTRE
TOUS LES PEUPLES

Frères et sœurs, nous déclarons qu'un être humain sain d'esprit cherchera plus que tout à promouvoir la vie de toute chose. Vous devez être conscients que la paix n'est pas seulement l'absence de guerre mais un effort constant pour maintenir l'harmonie entre les peuples, entre chaque individu et entre les hommes et les autres êtres de cette planète. Nous vous indiquons que c'est grâce à une prise de conscience spirituelle que l'humanité survivra.

LA DÉCLARATION
D'HAUDENOSAUNEE, 1979

Nous nous trouvons actuellement dans une étape critique du développement spirituel, moral et technologique des nations. Toute vie tient à un équilibre précaire. Nous devons nous souvenir que toutes les choses de cette Terre Mère ont une origine spirituelle et sont liées de façon complexe. La prophétie Lakota de Raccommoder le Lien Sacré qui relie les nations a commencé. Puissions-nous trouver dans la sagesse ancestrale des nations indigènes la force et le courage de raccommoder et de guérir.

ARVOL CHEVAL QUI REGARDE,
Lakota

Nos pères nous ont donné plusieurs lois qu'ils avaient apprises de leurs pères. Ces lois étaient bonnes. Elles nous disaient de traiter les personnes comme elles nous avaient traitées ; que nous ne devions jamais rompre les premiers un marché ; qu'il était honteux de mentir ; que nous ne devions dire que la vérité.

JOSEPH (1830 – 1904),
CHEF NEZ PERCÉ

Nous sommes tous les fleurs du jardin du Grand Esprit. Nous partageons une racine commune qui est la Mère Terre. Le jardin est beau parce qu'il a différentes couleurs, et ces couleurs représentent nos différentes traditions et cultures.

GRAND- PÈRE DAVID MONONGYE

L A V I L L E

Les collines seront toujours plus belles que les buildings en pierre. La vie en ville est artificielle. Peu de gens sentent la véritable terre sous leurs pieds, voient pousser les plantes si ce n'est dans des pots ou s'avancent assez loin des réverbères pour saisir le véritable enchantement d'un ciel nocturne parsemé d'étoiles. Quand on vit loin des choses que le Grand Esprit a créées, il est facile d'oublier ses lois.

BISON EN MARCHE (1871 – 1967),
(Tatanga Mani)

Je suis né dans la prairie, là où le vent soufflait, libre, là où rien ne faisait obstacle à la lumière du soleil. Je suis né sur une terre sans clôtures où chacun respirait librement...

DIX OURS,
Chef Comanche Yamparethka

Le silence n'existe pas dans vos cités, il n'y a pas de lieu où l'on peut entendre le murmure des feuilles au printemps ou le bruissement des ailes des insectes… Les Indiens préfèrent le bruit léger du vent qui balaye la surface de l'étang, l'odeur du vent purifié par une pluie au milieu de la journée ou parfumé par des pins pignons. L'air est un bien précieux pour l'homme indien car toutes les choses partagent le même souffle de vie – l'animal, l'arbre, l'homme. Comme un homme qui se meurt depuis des jours, l'homme de la ville est insensible à la pestilence.

CHEF SEATTLE,
Suquamish / Duwamish

Nous croyons que l'amour des biens

terrestres est une faiblesse qu'il faut

surmonter. Il attire notre côté matérialiste

et s'il trouve une place dans notre vie,

il finira par troubler notre équilibre

spirituel. Pour cette raison,

les enfants doivent apprendre très tôt

la beauté de la générosité.

On leur enseigne à donner ce qu'ils

prisent le plus pour qu'ils puissent

goûter au bonheur de donner.

OHIYESA (Dr. Charles Eastman),
Sioux Santee

…La seule manière dont nous pouvons garder ce que nous avons ou dont nous pouvons nous sentir en accord avec nous-mêmes, c'est de donner. C'est une des choses que notre modération nous a apprises.

HAROLD BELMONT, Suquamish/Songee

SOIGNER LA TERRE

Naître homme sur cette terre est une mission
sacrée. C'est une responsabilité sacrée qui nous
a été confiée car ce don que nous avons reçu
dépasse les dons offerts au monde végétal,
aux poissons, aux forêts, aux oiseaux
et à toutes les autres choses vivant sur cette terre.
Nous sommes capables de prendre soin d'elles.

AUDREY SHENANDOAH,
Onondaga

Ceux qui vivent sur cette planète doivent rompre
avec le concept étroit de la libération de l'homme
et commencer à voir la libération comme quelque
chose qui doit s'étendre à l'ensemble du monde
naturel. C'est d'une libération de tous les éléments
vitaux – l'air, l'eau, les arbres – dont nous avons
besoin, de tous les éléments qui tissent
le réseau sacré de la vie.

EXTRAIT DU DISCOURS D'HAUDENOSAUNEE
AU MONDE OCCIDENTAL, 1977

CHAQUE PARCELLE DE CE SOL EST SACRÉE…
CHAQUE FLANC DE COLLINE, CHAQUE VALLÉE,
CHAQUE PLAINE, CHAQUE BOSQUET… RÉPOND
AFFECTUEUSEMENT À NOS PAS…

CHEF SEATTLE,
Suquamish / Duwamish

Chaque joli caillou m'était précieux, et chaque arbre
qui grandissait était un objet de vénération.

OHIYESA (Dr. Charles Eastman),
Sioux Santee

Toute vie est Wakan. Et telle est toute chose
qui dégage la puissance, soit de façon active, comme
le vent et les nuages, ou avec une endurance passive,
comme le rocher au bord du chemin. Car même
le bâton le plus commun et la plus simple pierre sont
d'essence spirituelle et doivent être vénérées.
Ce sont des manifestations de la puissance
mystérieuse et omniprésente qui remplit l'univers.

FRANCIS LAFLESCHE,
Osage

Le centre du monde est partout.
Et tout est sacré.

WAPITI NOIR (1863 – 1950),
Sioux Oglala

L'Indien aimait adorer Dieu.
De sa naissance à sa mort,
il vénérait le monde qui l'entourait.
Il considérait qu'il était né
dans le somptueux giron de la Terre
Mère et pour lui, aucun lieu
n'était humble. Il n'y avait pas
d'intermédiaire entre lui et le Grand
Saint. Le contact était immédiat
et personnel et les bénédictions
de Wakan Tanka se répandaient
sur l'Indien comme la pluie
qui tombait du ciel.

OURS DEBOUT
(1868 – 1939),
Chef Sioux Oglala

CES TERRES SONT ÉTERNELLES

Nos terres sont plus précieuses que votre argent. Elles sont éternelles. Elles ne périront pas même par les flammes. Aussi longtemps que le soleil brillera et que le cycle de l'eau subsistera, ces terres continueront à donner la vie aux hommes et aux animaux. Nous ne pouvons pas vendre la vie des hommes et des animaux, c'est pourquoi nous ne pouvons vendre ces terres. C'est le Grand Esprit qui les a créées pour nous et nous ne pouvons pas les vendre parce qu'elles ne nous appartiennent pas. Vous pouvez compter et brûler votre argent en moins de temps qu'un bison chasse une mouche, mais seul le Grand Esprit peut compter les grains de sable et les brins d'herbe de ces plaines. En cadeau, nous vous donnerons tout ce que nous possédons et que vous pourrez emporter avec vous ; mais la terre, jamais.

UN CHEF
D'UNE TRIBU
PIEDS NOIRS

Oh oui, je suis allé dans les écoles de l'homme blanc. J'ai appris à lire les manuels scolaires les journaux et la Bible. Mais j'ai fini par trouver que tout cela n'était pas suffisant. Les gens civilisés dépendent trop de ce que l'homme lui-même a écrit. Je préfère le livre du Grand Esprit qui reprend l'ensemble de la création. On peut lire une grande partie de ce livre en étudiant la nature. Car si vous prenez tous vos livres et que vous les mettez dehors au soleil, que vous laissez la pluie, la neige et les insectes s'en occuper pendant quelques temps, il n'en restera plus rien. Mais le Grand Esprit nous a donné, à toi et à moi, la chance d'étudier les forêts, les rivières, les montagnes et les animaux (dont nous faisons partie) dans l'université de la nature.

BISON EN MARCHE, (1871 – 1967),
(Tatanga Mani)

Il savait que le cœur de l'homme, lorsqu'il se détourne de la nature, durcit.

OURS DEBOUT (1868 – 1939),
Chef Sioux Oglala

Je vais me risquer à dire que l'homme qui s'asseyait sur le sol dans son tipi, méditant sur la vie et son sens, accepte la parenté de toutes les créatures et reconnaissant son unité avec l'univers des choses, insufflait en lui la véritable essence de la civilisation. Et lorsque le natif abandonna cette forme de développement, son humanisation fut retardée dans sa croissance.

OURS DEBOUT (1868 – 1939),
Chef Sioux Oglala

Quand j'étais enfant, je savais comment donner ; mais j'ai perdu cette grâce depuis que je suis devenu civilisé.

OHIYESA (Dr. Charles Eastman),
Sioux Santee

Quand les bisons
seront tous abattus,
les chevaux sauvages
tous domptés,
les recoins secrets
de la forêt
tous explorés
par l'homme,
la vue sur
les collines fécondes
déparée par des
câbles, où sera
le buisson ?
Parti.
Où sera l'aigle ?
Parti.

CHEF SEATTLE,
Suquamish/
Duwamish

La vie est un cycle sans fin. Chacun de nous est responsable de ses propres actions. Elles nous reviendront.

BETTY LAVERDURE,
Ojibway

Honorer et respecter signifie penser à la terre, l'eau, les plantes et les animaux qui vivent ici et qui ont le même droit que nous de s'y trouver. Nous ne sommes pas les êtres suprêmes et omniscients qui vivent au sommet du pinacle de l'évolution ; en fait, nous faisons partie du lien sacré de la vie, au même titre que les arbres et les roches, les coyotes, les aigles, les poissons et les crapauds qui, chacun à leur manière, remplissent leur mission. Chacun d'entre eux accomplit la tâche qui lui est donnée dans le lien sacré et nous aussi, nous avons la nôtre.

CHANT DE LOUP,
Abenaki

"DANSE AUTOUR DU CERCLE"

Terre mère, étoile mère,
Toi qui porte mille noms,
Que tous se souviennent que nous sommes
des cellules de ton corps et que nous dansons
ensemble.
Tu es le blé et le pain de notre quotidien.
Et comme tu acceptes avec patience nos luttes
initiatiques.
Nous serons patients envers nous-mêmes
et les autres.
Notre lumière est éclatante et nos ténèbres
sacrées – l'équilibre parfait –
Tu es l'étreinte qui encourage
Et la liberté au-delà de la peur.
En toi, nous naissons, nous grandissons,
vivons et mourons –
Tu nous mènes dans le cercle, vers la renaissance,
Et tu danses
Pour toujours.

STARHAWK

… LA SEPTIÈME GÉNÉRATION À VENIR

Dans notre mode de vie, dans notre gouvernement, chaque fois que nous prenons une décision, nous pensons toujours à la Septième Génération à venir. Il est de notre devoir que notre futur peuple, les générations qui ne sont pas encore nées, connaissent un monde aussi bon que le nôtre – en gardant l'espoir qu'il puisse être meilleur.
Lorsque nous marchons sur la Terre Mère, nous posons toujours nos pieds avec soin car nous savons que les visages de nos générations futures nous regardent d'en bas.
Nous ne les oublions jamais.

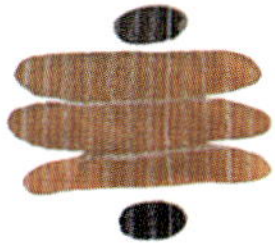

ORENN LYONS,
Prêtre Onondaga

Dites-leur
comme nous aimions
toutes les manifestations
de la beauté.

UN INDIEN D'AMÉRIQUE

Je suis né dans le royaume sauvage
de la nature. .. Je suis un des enfants
de la nature. Qu'elle reste ma gloire …
Et où qu'elle se manifeste, l'émotion et la
joie envahissent mon cœur, elles gonflent
et éclatent comme des vagues sur le rivage
de l'océan, en signe de prière et de louange
envers Lui qui m'a confié à ses mains.

GEORGE COPWAY

" ... Des oiseaux qui ne peuvent plus voler "

Comme en rêve,
je revois l'étincelle mourante
de nos feux de camp,
les cendres froides et blanches.
Je ne vois plus les volutes de fumée
qui s'élevaient vers le ciel.
Je n'entends plus les chansons
des femmes qui préparent le repas.
Les antilopes sont parties.
Les enclos de bisons sont vides.
Seul le cri du coyote est audible...
Nous sommes des oiseaux
qui ne peuvent plus voler.

CHEF PLENTY-COUPS

LES MAINS PROPRES

Ô Grand Esprit,
Dont j'entends la voix dans le vent,
Et dont le soufflé donne la vie au monde,
Ecoute-moi !
Puissent mes pas me porter dans la beauté,
Puisse mes yeux toujours voir le coucher
du soleil rouge et pourpre.
Puisse mes mains respecter les choses que tu as créées
Et mes oreilles être attentives à ta voix,
Que je puisse apprendre les leçons que tu as
cachées dans chaque feuille et chaque pierre.
Je cherche la force, pas pour être plus grand
que mon frère, mais pour combattre
mon pire ennemi : moi-même.
Pour que je puisse toujours venir vers toi
les mains propres et le regard franc.
Pour qu'au crépuscule de la vie, comme le soleil
qui se couche, je puisse venir vers toi sans honte.

UN INDIEN D'AMÉRIQUE

LE RYTHME DE LA VIE

Depuis le commencement,
les tambours étaient là,
pour battre la mesure du monde –
le battement de la marée, inépuisable,
sur la plage ; le glissement harmonieux
des quatre saisons, l'une après l'autre ;
l'arrivée des oiseaux, puis leur départ ;
l'hibernation de l'ours,
long sommeil hivernal ; énigmes
impénétrables
d'une harmonie parfaite.
Regarde ton cœur qui bat
dans ton poignet, palpitation précise
du rythme de la vie.

JIMALEE BURTON,
Cherokee